못의 귀향

The Priest of Nails Has Come Home

김종철 시집

못의 귀향

Poetics 시학

| 시인의 말 |

솜씨 좋은 목수는 목상자를 만들 때 한 번에 아래위가 '딱' 맞아떨어지는 소리를 내게 해야 제격입니다. 그러나 내가 사는 세상일과 시는 좀처럼 딱 맞아떨어지지 않습니다. 이번에 내 시가 멈춘 고향은 나를 보는 것마저 낯설어 합니다. 내 시의 귀향은 또 한 번 야반도주로 끝낼지 모르겠습니다. 내 모든 상상력의 근원이요, 돼지들과 닭까지 한데 뒤섞인 이 마을의 꿈을 나는 베갯머리에서 멀리 둔 적이 한 번도 없었습니다.

하루에 두 번 새벽이 왔던 마을, 우수수 흔들리는 대숲과 울창한 밤나무들, 긴 밭고랑을 타고 넘는 푸른 옥수수 터

널, 어디서나 철철 넘쳐흐르는 맑은 개울, 산비탈 발등에 자주 걸려 넘어지는 쌍무지개, 이 마을의 새벽은 한 번은 산에서 내려오고 또 한 번은 바다로부터 왔습니다. 활처럼 휘어진 수평선을 바라보면 나는 언제나 팽팽한 작은 시위가 되었습니다. 못의 사제로 나를 한없이 느리게 키워 준 곳, 오늘은 비록 나를 받아 주지 않아도 내 시의 출발과 못의 유서는 이곳에서 다시 쓸 것입니다.

초또의 지워진 길 위에서

김 종 철

| 차 례 |

제1부 초또는 대못이다

제2부 당신 몸 사용 설명서

제3부 순례 시편

제4부 창가에서 보낸 하루

제1부

초또는 대못이다

밤기차를 타고

— 초또마을 시편·1

기차는 밤새도록 달렸습니다
덜컹대는 침대칸의 흐린 불빛
얇은 요 한 장에 돌아누운
낯선 순례꾼의 잠꼬대
이 밤 우리가 찾는 것은
녹슨 양심을 벼리는 숫돌이고
당신의 발밑에 놓을 기도의 머릿돌이었습니다
하지만 자리를 털고 일어나는 것은
단 한 번도 멈추지 못했던
내 욕망의 기차가 마주 달려올 줄이야
저 모순투성이의 철로에
내 전 생애를 낮은 포복으로 기어 오던
오, 그토록 애써 외면했던
바로 네놈까지!

새벽안개 속에

흰 수증기를 내뿜는 기적 소리는

귓전에 울어 쌓이는데

군화 끈을 조여 매고

더블백을 둘러멘 나는 파월 참전병

낯선 전쟁터로 발령받아

세상에서 가장 긴 편지를 어머니에게 쓴 그 밤

덜컹대는 철로 따라 꾹꾹 눌러쓴

문장 몇 줄은 눈물처럼 잘려 나가고

그래그래 이 밤
어머니보다 더 늙은 우리 내외가
삐뚤삐뚤 쓰여진 철로 따라 예까지 왔구나
육십 평생 순례의 끝에서
아들 같은 젊은 나도 데불고
그래그래 당신에게로 함께 갑니다

오, 초원의 빛이여,

루르드의 새벽이여!

어머니의 장롱

— 초또마을 시편·2

어머니는 물동이를 이고 우물가로 갔습니다
밤나무 숲에 이르자 갑자기 천둥 번개가 치고
소나기가 쏟아지면서 캄캄해졌습니다
그 순간 우물에서 무지개가 솟아올랐습니다
아름다운 무지개가 탐이 난 어머니는
두레박줄 잡듯 힘껏 낚아챘습니다
꿈쩍도 않는 무지개 다발을
어머니는 치마로 감싸 안으며
이빨로 하나씩 끊어 내었습니다
한 다발 가까이 쑥 뽑혀 나온 무지개를
남 볼세라 치마 속에 둘둘 말아
한달음에 집으로 달렸습니다
어머니는 장롱 깊숙이 숨겼습니다
형과 누나의 실타래도 넣어 둔
오래된 장롱 속이었습니다

어머니 태몽은 아직 끝나지 않았습니다
내 나이 이순, 몸 깊이 숨겨 둔

당신의 무지개가

저세상 잇는 다리로 다시 뜨는 날

나는 한 마리 학 되어

한 생애를 날아오를 것입니다

손님 오셨다

— 초또마을 시편·3

어머니 등에 업힌 나는
칭얼대면서 마실을 다녔습니다
가는 곳마다 손님 오셨다고 맞아 주었는데
상갓집에도 갔습니다
곡을 멈춘 상주가 버선발로 뛰쳐나와
제사상에 올릴 갓 찐 시루떡
첫 판을 쓰윽 잘라 바쳤습니다
손님이 한 상 잘 잡숫고
한잠 달게 주무시고 나자
짓무른 온몸은 꼬들꼬들해지더니
시루떡 팥고물 같은 딱지로
소복이 떨어져 내렸습니다
마마 손님이 떠나간 것입니다
다행히 나는 목숨을 건졌고
빡빡 얽은 곰보도 면했지만
그 후 손님은 어머니 등에서 내려와
내 일생에 업혀 칭얼대며 따라다녔습니다

그래그래, 내 이렇게 살다가
또 어느 귀신 만나
네놈을 뚝 떼어 줄 때까지
오늘 밤도 술독에나 빠질 참이다!

문고리 잡다

— 초또마을 시편·4

그날 어머니가 바깥 문고리를 잡아 주지 않았다면
누이는 태어나지 않았을 것입니다
한번도 본 적 없는
동갑내기 이복동생 말입니다

대가 끊기든 말든 모두 제 팔자거늘
지아비 빌려 주는 사람 어딨어!
— 누가 들을라
듣는 게 대순가
—그 집 시누는 아마 눈치챈 것 같아
그래도 경사 났다고 난리 아닌가, 누굴 닮았지?
—아무래도 야들 더 닮았겠지

건넛마을 안동댁은 어머니와 가깝습니다
아버지를 눈물로 간청했습니다
하루 이틀, 몇 달 빌고 빌어서
딱히 여긴 어머니는
착한지 바본지 알 수 없는 아버지를

이웃집 연장 빌려 주듯 덜컥
좋은 날 잡아 동침시킨 모양인데
하필 계집아이 태어날 게 뭡니까?

그때 어머니 나이 갓 서른
쉬잇!

장닭도 때로는 추억이다

— 초또마을 시편 · 5

장닭이 수탉인지
수탉이 장닭인지 어린 나는 알 필요가 없었습니다
어쨌든 놈들은 자주 암탉 등을 올라탔고
나를 쫓아다니며 연신 쪼아 대었습니다
가족 중에서 가장 어린 나만 겁주고
횃대 위로 날아가 목청을 뽑았습니다
한밤중에도 길게 목청을 뽑다가
저놈 때문에 집구석 망친다고
아버지는 닭모가지를 비틀어 버렸습니다
밥상에 오른 닭을 모두 맛있게 먹었지만
나는 끝끝내 먹지 않았습니다
우리 집 닭은 가족이기 때문입니다
언젠가 한밤중에 나도 잡아먹힐까 싶어
내 딴에는 뜬눈으로 지샜는데
붉은 닭볏 같은 아침이 오면
더 이상 기억나지 않았습니다
그러다 울고 보챌 때마다
다리 밑에서 주워 왔다고

불쌍해서 키운다고
온 가족이 깔깔깔거린 날
내 머릿속에는 밤새 잘 발라 먹은 닭뼈가
후드득후드득 못소나기처럼 떨어졌습니다

나무젓가락

— 초또마을 시편·6

아버지가 장작을 팼습니다
병상에서 모처럼 일어나
여섯 살배기 겨울을 도끼로 찍었습니다
쩍쩍 빠개지는 통나무 속살
나는 기우뚱기우뚱 덜 마른 장작개비를 나르며
킁킁 냄새를 맡았습니다

여덟 살 되던 해
가족들이 비잉 둘러앉은
당신의 임종 머리맡
나는 어머니 등 뒤에 숨어
킁킁 냄새만 맡았습니다

여섯 살과 여덟 살을 건너뛴
양손으로 짝 젖히는 나무젓가락
미련 없이 집어 먹고 버리는
일회용 나무젓가락

아버지 젓가락

나는 아직도 쿵쿵쿵 당신을 알아봅니다

국수

— 초또마을 시편·7

유년 시절 어머니가 사 남매 키운 밑천은
국수 장사였습니다
부산 충무동 좌판 시장터에서
자갈치 아지매들과 고단한 피란민에게
한 그릇씩 선뜻 인심 썼던
미리 삶은 국수 다발들
제때 팔리지 않은 날은
우리 식구 끼니도 되었습니다
내가 세상에서 가장 좋아하는 것은
불어 터진 국수입니다
눈물보다 부드럽게 불어 터진 가난
뜨거운 멸치 다싯물에 적신
저 쓰러지다 일어서는 시장기를
아직도 그리워합니다
배 아픈 날 당신 약손이 그립듯
어쩌다 놓친 늦은 저녁
뽀얀 김 후후 불며 식혀 먹던
불어 터진 허기가

오늘은 내 생의 삐걱이는
나무 걸상에 걸터앉아 당신을 기다립니다

빨래

— 초또마을 시편·8

한겨울 마당에 널어 두었던 빨래
해 지기 전 걷으라고 누나는 신신당부했습니다
우리는 노는 데 그만 정신 팔려
깜깜한 밤 되어서야 부랴부랴 걷었습니다
장작개비처럼 뻐등뻐등 얼어붙은 빨래,
그날 장터에서 늦게 돌아온 누나는
몽둥이로 등짝을 후려쳤습니다
풀죽은 빨래도 화나면 몽둥이가 되었습니다

어깨동무

— 초또마을 시편·9

구짱, 도꾸장, 가쪼, 히로시, 돌찌는
초또마을 사람들 이름입니다
앞집, 뒷집, 건너 고개 너머에는
조깝데기, 똥자루, 아치꼬동
내 또래 아이들이 살고 있습니다
똥지게로 퍼 나른 긴 고랑 밭에는
냄새로 코를 가린 종달새가 높이 날고
집집의 처마로 어깨동무한 양철 지붕에는
굵은 소나기가 성큼성큼 뛰어다녔습니다
울다가 웃다가 까르르 뒹구는 개구쟁이
여름은 눈물 마를 여가 없었습니다

빗방울 총총총 번지는 새벽꿈에
차가운 물방울 하나가 잠을 깨웠습니다
돼, 돼, 돼!
사라진 방패연 찾기 위해 밭고랑 달리다
물컹,
또 똥을 밟았습니다

어머니의 젖꼭지

— 초또마을 시편·10

어머니 젖을 오래도록 빨았습니다
빈 젖꼭지라도 물지 않고서는 견딜 수 없었습니다
어머니는 막내라고 나를 달고 다녔습니다

큰형님이 장가를 가고
이듬해 형수가 아기를 낳았습니다
불어 터진 젖을 짜내고 또 짜내었지만
비 온 뒤 시냇물 불어나듯
집안이 발칵 뒤집혔습니다

그날 밤 희끄무레한 호롱불 아래
치마폭 어디메쯤 어색하게 안긴 나는
퉁퉁 부은 젖통을 쥐고 빨고 또 빨았습니다
어깨 너머 어머니는 자주 칭찬을 하였습니다
꿀꺽꿀꺽 쏟아져 나오는 젖에
몇 번이나 길게 숨을 고르기도 했습니다

숨이 턱까지 차야 볼 수 있는 꽃!
간밤에도 밤도둑처럼 아내의
앞섶을 풀다가 주책없다 야단맞았습니다

비 오는 술독

— 초또마을 시편 · 11

고두밥과 누룩 넣은 독을
어머니는 아랫목에 잘 모셨습니다
한기 들지 않게 이불로 꽁꽁 감쌌습니다
며칠 지나 빗소리가 하도 요란해
술독을 몰래 열었다가
나는 알몸으로 쫓겨났습니다

막걸리만 마시면 비가 옵니다
부슬부슬 내리는 유년의 술독에
폭삭 익은 미운 정과 고운 정
빗소리로만 당신을 대작하기엔
한 끼의 국밥이 너무 빨리 식습니다

새 그림

— 초또마을 시편 · 12

'커다란 남비에 콩을 볶아서
도둑놈이 세 마리 또 두 마리 또 한 마리
어무이 아부지 배가 불러서
보건체조한다고 하나 둘 셋'

네 살 때 배운 유일한 동요와 그림입니다
노래하며 그리는 그림 솜씨는
조금도 변하지 않았습니다

오냐 오냐 오냐
이제야 너를 조금 알 것 같구나
단 한 번도 날지 못한 새에게
집을 만들어 주기로 하였습니다
새장 안에서 환갑 맞은 나처럼!

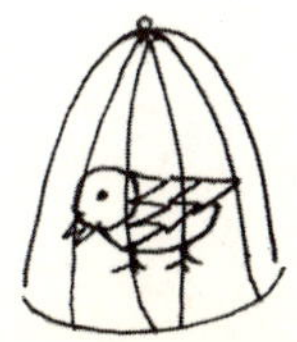

오줌싸개

— 초또마을 시편·13

이른 새벽
알몸으로 키를 쓰고
소금 얻으러 다녔습니다
사립문짝에 비껴 선 초승달 하나
"소금 좀 주이소야!"
부엌 아궁이 불 지피시던 덕이 엄마
하이얀 소금 한 사발 퍼 주며
"요, 오줌싸개 요놈!"
볼기짝을 힘껏 때렸습니다

굵은 소금 같은 간고등어가
아침 반찬으로 올라오는 날
간밤 키를 쓰고
당신 문전 기웃거린 어린 꿈들이 걸어 나와
슬픔으로 빳빳하게 풀먹인
당신의 요마다
철없이 지도를 그려 놓습니다

울보 기도

— 초또마을 시편·14

나는 울보입니다
그냥 우는 게 아니라 징징징 짜는 데
온 가족들 두 손 두 발 다 들었습니다
보채면 다 들어주었습니다
우는 아이 젖 더 준다는 말은
결코 빈말 아니었습니다

돈 없다, 밥 없다, 색시 없다
어른 되어서도 징징징 매달렸습니다
하느님도 별수 없이 손발을 들고
어느 날 도깨비 방망이를 던져 주며
눈물, 뚝!
외쳤습니다
뚝!
한 번도 보챈 적 없습니다
그저 까꿍까꿍,
못으로 숨고 싶습니다

마, 졌다 캐라!

— 초또마을 시편·15

형은 골목대장입니다
동네에서 몸놀림이 제일 빨랐습니다
다만 키 작은 것이 흠이었습니다
밤사이 아이들은 쑥쑥 자랐는데
키가 줄어든 것은 형뿐이었습니다
드디어 올 것이 왔습니다
한두 해 사이 부쩍 자란 아랫동네 아이가 덤볐습니다
떨어져서 싸울 때는 펄펄 날았지만
잡혔다 하면 힘이 밀려 쩔쩔맸습니다
밑에 깔린 형은 코피까지 흘렸습니다
짓눌린 까까머리통에
뾰쪽한 돌멩이가 못 박혀 있었습니다
어금니를 깨문 채 쏘옥 눈물만 뺀 형,
새야, 항복캐라, 마 졌다 캐라!
여섯 살배기 나는 울면서 외쳤습니다
늦은 저녁, 형은 담벼락으로 불러 눈을 부라렸습니다
절대로 졌다 카지 마래이!
나는 울먹이면서 맹세했습니다

사춘기에 갓 접어든 형은
작은 키에 외항선을 탄다고
먼바다로 떠났습니다

외삼촌 최망기님

— 초또마을 시편·16

사람들은 한번씩 초또를
좆도가 아니냐고 묻습니다
조또 아닌,
정말 좆도 아닌 것들이 까분다고
팔소매 걷고 흥분 감추지 못하는
외삼촌 최망기님은 초또 명물입니다
완월동 적산가옥 안방에
사시미칼 터억 꽂고 제 집이라 우겨
집 한 채 장만했던 그분이
어쩌다 한 꼬푸한 날
온 마을이 비틀거렸습니다
'만고강산 유람할 제' 육자배기에
우는 아이 뚝 그치고
짖는 개도 꼬리 내리고
개망초꽃마저 필까 말까 망설이는,
사시미칼에 두 마디쯤 생뚱 잘려 나간
외삼촌의 왼손 검지와 중지
주먹 쥐고 있으면 보이진 않지만

쉽게 손바닥을 펴지 않는 초또는
우리 외삼촌을 제일 많이 닮았습니다

복태 아부지

— 초또마을 시편·17

어깨동무 복태는
태어나면서부터 같이 자랐습니다
작은 통통배 선장이셨던
덩치 큰 그의 아부지는
우리 아부지와도 가깝게 지냈습니다
사나운 파도를 헤치며
몇 날 동안 바다에서 살다
돌아오시는 날
복태 집 앞마당 빨랫줄에는
생선들이 길게 퍼덕거렸습니다

환갑에 이른 나이
부둣가에서 우연히 복태를 만났습니다
덩치 큰 복태 아부지가 뚜벅뚜벅 걸어와
힘껏 포옹하였습니다
나의 아부지도 그를 꼬옥 안았습니다
이제는 늙고 쇠잔한 바다의 어깨 너머

또 다른 철없는 아이들이

알몸의 풍랑을 자맥질하고 있었습니다

우야꼬!

— 초또마을 시편 · 18

'아이고 우야꼬, 방직공장 쫓겨났다고'
60년대 초 제목도 없는 이 노래는
외사촌 형의 십팔번입니다
일흔 앞둔 이즈음에도
눈 감으면 코 베는 세상 인심을 한 가락 빼면
눈물이 먼저 와 닿습니다
'아, 그 문디 가시나,
담봇짐 싸 가지고 서울 간 뒤
아직 소식 없다 아이가'
소주 한잔 귀동냥하다 보면
혀 꼬부라진 자갈치 수산센터에
쪼그리고 앉은 갈매기도 영 파이고
풍랑에 삐걱이는 선박에 이마를 박는
꼬시레기 떼들도 영 파이고
그저 그냥 택도없는 질펀한 사투리 하나
우야꼬 가슴을 칩니다
그때마다 철없이 깔깔깔거리는 파도 따라
몰려온 유년의 자갈돌이

둥둥 발목 걷은 우리의 슬픔까지
뒷걸음질치게 쭈욱 밀려옵니다

양밥놀이

— 초또마을 시편 · 19

옛날 도둑들은 다 그랬습니다
밤사이 훔칠 것 다 훔치고
마당 한가운데
떠억, 똥까지 누곤 하였습니다
굵고 튼튼한 가래떡 같은 똥,
양밥이었습니다
마을 사람들은
킁킁 냄새까지 맡아 가며
임자 찾으려고 애썼습니다

간밤에도 누군가 집 마당에
힘주어 똥을 누고 있었습니다
허리춤을 끌어올리기 전에
나는 결사적으로 다리를 꽉 붙들었습니다

어린 시절 온 마을 사람들이
그렇게 고대했던 그놈이!
밤마다 무거운 항아리 지고

보릿고개 넘던 바로 그놈이!

오, 정말 입 밖에 낼 수 없는
큰 똥통이었습니다

비빔밥 만세

— 초또마을 시편·20

나는 비빔밥을 좋아합니다 큰 양푼에 찬밥 넣고 시금치 콩나물 열무김치 고사리나물 부친 달걀 참기름을 따르고 붉은 고추장 푸욱 퍼서 비비셨던 어머니의 밥상, 숟가락으로 비비다 힘 부치면 둥둥 소매 걷고 맨손으로 훽훽 비빈, 큰 양푼에 빙 둘러앉은 달무리 같은 우리도 날렵한 어머니 손놀림 따라 돌고 돌았습니다

세상 살다 보면 비빔밥만 한 아량보다 큰 사랑은 없습니다
하느님도 세상을 이처럼 골고루 잘 비비진 못했습니다
오늘 어머니의 가난한 제사상에 모여 큰아들은 시금치 둘째는 콩나물 누나는 열무김치 막내인 나는 고사리나물 아아 그것들의 붉디붉은 고추장에 모두 하나같이 비벼져 입 째져라 큰 숟갈로 당신을 떠 넣습니다

제2부
당신 몸 사용 설명서

망치를 들다

이제는 망치를 들어도 좋을 나이입니다
목수는 연장을 탓하지 않습니다
눈 감고 못 박아도
세상의 뒤편인 손등은 찧지 않습니다

현자는
눈을 감고 자도
밤은 수족같이 밝은 법
솜씨 좋은 목수는
어린 나뭇결만 보아도
성근 제 뼈를 다 읽는 법

이제는 누구의 관 뚜껑인들 망치질 못 하랴
이제는 한밤에 못질 되어도 좋을 나이입니다

유서를 쓰며

그날 유서를 쓰고
손톱과 발톱, 머리털까지 자르고
유장하게 묵상을 하고
흰 봉투에 담아 두었습니다

신새벽 총신을 손질하고
빈 수통에 물을 가득 채우고
군화 끈을 단단히 고쳐 매고
당신의 정글 속으로 들어갔습니다

매복을 한 지 삼십오 년
그날이 오늘입니다
아직도 낯선 전장터에 떠도는 그 사내를
꿈길에서 마주칠 때마다
죽지 않은 그를 위해
오늘은 내가 또 유서를 준비합니다

수진마을의 랑의 선연한 눈매 닮은

숨겨 둔 아들이라도

불쑥 나를 찾아올지 모릅니다

당신 몸 사용 설명서

불이 꺼졌습니다
가끔 얼굴 붉히며 등 뒤에서 엿보던
놈들마저 캄캄해졌습니다
몸을 열지 못하는
아무짝에도 쓸모없는
캄캄한 당신을 버리기로 했습니다

아침이면 어김없이 깨워 주고
하루라도 안 보면 안절부절못하고
언제나 가까이서 만질 수 있는
어둠 속에서도 빰 비비며
찾았던 당신

신제품 살 때마다
건성으로 훑어보고
보관하기만 했던 빳빳한 사용 설명서
캠코더 사용 설명서
쿠쿠 전기밥통 사용 설명서

아아, 한번도 읽지 않았던
당신의 몸 사용 설명서까지

변심은 아니지만
성능 좋은 새 휴대폰 길들일 동안
나는 예전의 당신만을
기억할 수는 없게 되었습니다
작은 글씨로 촘촘히 쓰인 설명서에는
정말 내가 따라가기엔 너무나 힘든
기교가 나를 울렸기 때문입니다

봄날은 간다

꽃이 지고 있습니다
한 스무 해쯤 꽃 진 자리에
그냥 살았으면 좋겠습니다
세상일 마음 같진 않지만
깨달음 없이 산다는 게
얼마나 축복 받은 일인가 알게 되었습니다

한순간 깨침에 꽃 피었다
가진 것 다 잃어버린
저기 저, 발가숭이 봄!
쯧쯧
혀끝에서 먼저 낙화합니다

호미를 보면

고개를 외로 꼰 호미를 보면
할미꽃 생각이 납니다
더디 오는 봄 기척 엿들으며
당신의 양지 쪽에
슬픔의 돗자리를 펴 둡니다

겨우내 얼어붙은 밭때기 사이로
한 떼의 염소가
까만 똥을 매애매 쏟아 놓고 갔습니다

한여름에는 시원할까 봐 꼭꼭 붙어 지내고
한겨울엔 춥게 지내자고 떨어져 사는
까아만 염소의 고약한 봄 울음소리에
흰 수건 둘러쓴 호미 하나
봄 고랑을 서둘러 매고 있습니다

도시락 일기

아내는 오늘도
도시락을 싸 가지고 출근합니다
이제나저제나 미덥지 않은 남편
입가에 붙은 꼿꼿한 밥알 같은
먹다 남은 반찬 냄새 같은
서툰 나의 처세를
아내는 자반고등어 한 손처럼
꼬옥 안아 줍니다
숟가락 젓가락 나란히 놓인
저녁 밥상 하늘 위로 나는 철새
우리는 함께 책장 넘기는 소리 듣습니다
어쩌다 바람 부는 날에는
헐거워진 문짝 고치다
자주 제 손등 찧는 못난 나를
아내는 꿈속에서도 도시락 싸듯 달려옵니다

상추쌈

해질녘 당신과 밥상머리에 마주 앉아
뚝뚝 물기 듣는 상추를 털며
쌈을 싸 먹습니다
슬픔 반 기쁨 반, 입 째져라
네 한 잎 내 한 입 싸서 먹습니다
초로에 접어든 당신은
된장에 풋고추 덥석 베어 문
매운 눈물을 이제는 탓하지 않습니다
하얀 조팝나무 꽃이 흔들리는
마음 둘 곳 없는 흐린 날
두 눈 크게 뜨고 마주 보며
우적우적 씹는 후회는
아무리 빨라도 늦은 법입니다

물기 가시지 않은
배냇저고리 같은 상추 한 잎의 밤이
오늘은 누구의 슬픈 입을 찢을지 모릅니다

아내의 십자가

신혼 시절 가끔 부부싸움을 하였습니다
그때마다 아내는
나를 자신의 십자가라고 했습니다
남몰래 울기도 했다 합니다
나는 오래도록 잊지 않았습니다

이제는 환갑에 이른 내가
아내의 십자가에서 내려갈 차례가 되었습니다
개밥바라기별이 뜰 때까지
망치 든 자는 못대가리만 보고 있습니다
저무는 당신의 강가에는
아직 세례자 요한이 오질 않았습니다

장닭의 노래

우리 집에는 인형으로 만든
장닭 한 마리 살고 있습니다
한 번도 홰를 치며 운 적 없지만
당신이 가지고 온 그날부터
밤마다 내 겨드랑이가 가려워졌습니다
사내구실이 시원찮은 것을
저놈마저 눈치챈다면
필경 모가지 길게 뽑고 소리칠지 모릅니다

밤마다 담 너머 닭 보듯
시치미를 떼고 보는 저년,
밤의 횃대에서
울어쌓는 저년의 멱을 따기 전에
나는 아멘 소리를 먼저 들었습니다

내가 만일

내가 만일 양치기 개였다면
개였다면
오늘까지 이렇게 먹고살기 위해서
뛰진 않았을 것입니다
짖지도 않았을 것입니다
내가 만일, 어쩔 수 없이 양치기 개였다면
개자슥보다 양이 되길 바랐을 것입니다
양 중에서도 어린 양
눈치 없이 게으른
그리하여 사나운 양치기를 더욱 날뛰게 하는
당신의 어린 양가죽 뒤집어쓴
오, 내 양심의 늑대여,
만일 내가 예순 살 먹도록 늙은 개였다면!

눈물의 방

우리 집은
몸과 마음이 늙어
어디 한 군데 성치 않은 곳이 없습니다
비만 오면
여기저기 삭신에 빗물이 새고
바람 불면 삐걱이는 관절 사이로
덧문이 덜컹대고
풍치로 어긋난 잠의 창틀에는
어른거리는 세상의 남루까지 보입니다
내가 눈물의 방에서
촛불 켜고 기도하는 일은
견고한 마음의 집 한 채 올려
당신의 하루를 살고자 합니다
그러나 고향에만 오면
야반도주하는 주팔이처럼
말끝마다 죽지 못해 산다는 곡정할매처럼
나의 망치질 소리는
살아 있다는 슬픈 축복입니다

당신을 지우며

큰형님이 떠났습니다
갑작스런 부음처럼 슬픔도 갑작스레 왔다
갔습니다 남은 내가 한 일은
휴대폰 번호를 지우는 것
이름과 숫자를 지우고 내친김에
항간과 어머니와 초또마을
절구통과 떡시루와 용접기
형만 한 아우가 없다는 말까지도!
그쯤이면 다 지워졌을 성싶습니다
지상에서의 이별은
성호를 긋듯 당신을 차례로 지우는 일
또 내가 떠날 때까지 썩지 않게 하는 일입니다

파주에서 보낸 엽서

수천 수만 마리 철새가 날아와
오늘 당신을 한입에 마시니
겨울 강물인들 어찌 줄지 않겠습니까

갈대밭 눈보다 빨리 내리는
시베리아 철새를 보며
나를 미리 비우고 또 비우며
조심조심 지낼 것입니다

하늘 두루마기에 몇 자 옮긴
겨울 문자가 쩌렁쩌렁 울 때까지
철새 두어 마리도 잘 구슬려
입춘까지 붙들어 둘 참입니다

한여름 날의 추억

텃밭에 심은 고추
빳빳한 놈 휘어진 놈 틀어진 놈
땡볕의 노망기에
했던 얘기 또 하고
또 하고 또 했던
내 위에 누운 여자
반은 내뱉고
반만 삼킨
오후 2시 50분 같은 기차
더 이상 기다리지 말 것!

못자리 내는 날

부슬부슬 비가 옵니다
논물이 가득합니다
오늘은 못자리를 내는 날
한여름 밤을 자지러지게 할
개구리 떼울음까지
한 묶음씩 내놓고
첨벙첨벙 낡은 맥고모자의 맨발 따라
한철 잘 버틸 새참을 먹습니다
부슬부슬 한철 잘 버틸 봄비에
맥고모자의 모들이 키를 잽니다

금 그어진 책상처럼

목에 칼 들어와도
할 말은 다 하겠다고
패기로 맞섰던 시절이 있었지만
진짜 목에 칼이 들어와
돼지 멱따듯 나를 따 버린 날

길게 그어진 칼자국이
물려받은 초등학교 책상에 그어진 금처럼
쉽게 한 줄 더 보태진
늙은 나의 목에는
더 이상 흉터가 아닙니다

그날도 그랬지요
왁짜하게 책걸상을 물려받은 날
딱딱한 회초리 앞세우고
선생님은 한 말씀 하셨습니다
입 다물고 조용히 해!

진즉에 입 다물고 살았더라면
세상 후회할 일 없었을걸
갑상선암 제거 수술 후
못금 그어진 책상 위에서
종아리를 걷은 나는,

그를 떠올리면

— 산사에게

그를 떠올리면
헐벗은 60년대 말
겨울 폭설이라든가, 펑펑 쏟아지는
함박눈 같은 그런 눈발이 없어도
그저 몇 낱의 분분한 꽃잎 정도
아침 잘 먹었냐 인사 한마디로
별고 없는 시대를, 그를 떠올리면

가로등 불빛 반쯤 이마 가린 종로 보신각
두 팔 벌리고 터억 막아선 새마을 푸른 지붕
새벽 두부장수 종소리에 호들갑떠는 참새 떼
땡땡땡 전봇대 따라 휑하니 고개 돌린 전차
덕지덕지 겹친 벽보 위의 무뚝뚝한 육교

시대를 말하여도
더 이상 통곡하지 않는
청진동 해장국에 걸친 막걸리
시원한 방뇨에 머리 박은

지린내 천국 종삼
반쯤 타다 꺼진 연탄재만이 길이 되는
2가에서 6가의 검은 눈 눈 눈길

그를 생각하면
눈발 없이도 설중매를 만나고
물 없이도 하르르 피라미 떼 차오르고
밥 잘 먹었냐 한마디로
청춘의 밥이 돌처럼 굳은
어깨깃을 꽂꽂이 곧추세웠던
저 추운 사랑의 종착역

그래 친구야,
밥 먹었는가, 밥 먹었는가, 밥 잘 먹었는가,
아직 밥이 되지 못한 눈물 한 그릇
그를 생각하면 나는 이제사 청춘!

깨진 유리창의 법칙

유리창이 깨졌습니다
영문도 모른 채 옆집 유리창도
덩달아 박살났습니다
세상의 낯선 유리창들은
서로 이마를 부딪히며
모두 금이 갔습니다
펑펑 쏟아지는 함박눈 사이로
먼 십계명의 못대가리가 보였습니다
내일은 또 누가 지팡이로 길을 갈라
제 백성을 데리고 떠날지 모르겠습니다

제3부
순례 시편

별

— 순례 시편·1

당신을 찾아갑니다
순례 지팡이를 짚으며
졸면서도 기도하는
별들의 길을 좇아

사랑과 용서와 꿈으로
올리브 잎 한 장 가린
당신의 별 하나

비록 함께 깨어 있지 않아도
형제여, 축복이 있으리라

벨라뎃다에게

— 순례 시편·2

나이 들으니 안경을 써도 침침합니다
바늘구멍까지는 어쩔 수 없더라도
세상 구멍만은 아직 침침하지 않았으면 합니다

혈압이 높아 먹는 약만 다섯 알입니다
조간 기사만 봐도 버럭 화를 내지만
연민의 불씨만은 꺼지지 않게 해 주세요

한밤중 두세 번 일어나
눈 감고 소변보는 일 참 귀찮았습니다
잠들기 전 물 많이 마셔도
하늘을 나는 꿈은 계속 꾸게 해 주세요

순례 떠나기 전날
원죄 없이 잉태하신 분을 만난
벨라뎃다에게
조금씩 고장난 내 몸 사용 보고서를
몇 자 적어 두었습니다

밑져 봤자 본전이겠지만
목까지 차오를 거룩한 침수에
벌써 침이 꼴깍 넘어갑니다

그곳에 가면

— 순례 시편·3

그곳에 가면
볼리 방앗간을 먼저 찾고 싶습니다
아무짝에도 쓸모없었다는
작은 소녀의 생가를 둘러보고
잦은 기침으로 루르드 양떼 돌보던
뒷산 석양도 운 좋으면 볼 수 있겠지요
어쩜, 우물가의 허드렛일로
시린 손 말리는 먼 피레네 산맥이
저녁 뇌우 이끌고 심술부리기 전에
물레방아 따라 하얗게 빻아진
곡식 알갱이가 가루로 날리기 전에
왁자한 방앗간의 맷돌 앞에서
아내와 사진도 찍을 참입니다
여기저기 연신 골골 앓는
천식 같은 냇물 소리에
당신 자장가가 아직 떠 있다면
그곳에 홀로 핀
보랏빛 제비꽃도 볼 수 있겠지요

귀향

— 순례 시편·4

한밤 어디선가 불빛 따라온

부나방 한 마리,

창문에 머리를 자꾸 박습니다

나는 딱해서 불을 껐습니다

잠 못 이루는 그 밤

금육일의 대못 하나가

쾅쾅 못질되고 있었습니다

개똥밭을 뒹굴며

— 순례 시편·5

이제야 알 것 같습니다
아무짝 쓸모없는 놈이라고
손가락질 받았던
개구쟁이 어린 시절
버림받은 귀퉁이돌보다
더 모질고 더 하찮았던,
그리하여
환갑 진갑 지나는
순례의 첫 밤
그 첫날밤의 꼭두새벽
두 딸년이 마련해 준 여비로
일생의 꿈 마무리하듯 기도하다가
손에 불 덴 아이처럼 쩔쩔매는
노인네를 보게 되었는데
그 굽은 못대가리가
바로 나였다니!

떠벌리고 우쭐거렸던 저놈,

게 눈 감추듯 딴전부리는 저놈,
교활하게 둘러대고 허세 부리는 저놈,
꼬깃꼬깃 쌈짓돈 감추듯 드러내지 않는 저놈,
주여! 오늘 밤 모조리 불러다가 몽둥이로 패 주소서
태중에 조선간장 먹고도 잘도 버텼던
새까만 개똥밭의 그놈이
환갑 진갑 지나는 꼭두새벽
오, 이제는 제법 여러 놈까지 데불고 나타났습니다

마사비엘 동굴에서

— 순례 시편·6

나는 보았습니다 한 소녀가 땔나무를 구하러 갔다가
건너편 동굴에서 불쑥 나타나신 그 귀부인을,
어린 벨라뎃다의 눈과 귀로 보고 들었습니다
마시고 씻으라는 샘물은 콸콸콸 넘쳐흘렀고
나는 마시고 씻고 또 마시고 씻었습니다
당신의 거룩한 물로 입술에 성호를 그을 때마다
기적은 촛불바다를 이루었습니다

오오, 저 궁핍하고 철없었던 시절
의심 많던 내 책상 모서리에
두 손 모으고 기도하던 흰 석고 덩어리가
환갑에 이른 이 새벽에 새삼 보였다니!

동트기 전 마사비엘 앞에서
로사리오로 작별 인사를 합니다
그럼, 고희 때쯤, 목례하니
아뿔싸, 당신도 응답합니다
그래, 그때는 나도 고희가 되겠구나!

도둑성인 하나 섬겨

— 순례 시편·7

로마에서나 파리에서나
순례 안내인은 자주 경고를 하였습니다
길거리건 열차에서건 미사 중에서건
소매치기 많다고 기도보다 더 많이 외쳤습니다
첫째도 조심 둘째도 조오심
사람이 모이면 정신을 바짝 차려야 했습니다
몇 푼 들어 있지 않은 가방 단속하랴
기도도 눈 뜨고 하였습니다
한 바퀴 돌고 호주머니 단속하고
두 바퀴 돌고 예배 단속하고
도둑나라 못의 순례에
분명 나도 한 수 배우긴 해야 할 텐데
이참에 도둑성인 하나 섬기기로 했습니다

칫솔질을 하며

요즘은 이 닦는 법을 다시 배웁니다
하루 세 번 삼종기도처럼
아침에 닦는 칫솔질은
성부와 성자와 성령의 이름으로
온종일 해 둘 말과 생각을 구석구석 닦습니다

점심때 닦는 칫솔질은
생각 없이 불쑥 튀어나온 독설과
이빨 사이 낀 악담을 닦고 파냅니다
어쩌다 부러진 이쑤시개의 분노와 마주칠 때는
이내 거품을 물고 있는 후회로
양치질을 한 번 더 해 둡니다

잠들 때 닦는 칫솔질은
하루 종일 씹고 내뱉은 죽은 언어의
껍질을 헹구어 내고
생쥐같이 몰래 들락거렸던 당신의
곳간에 경배 드리는 일입니다

하루의 재앙이 목구멍에서 나온 것을,
때늦은 반성문 같은 졸린 칫솔로
못의 혓바닥까지 박박 긁어냅니다

피리 부는 소년

요한과 바울 날의 아침
한 소년이 피리를 불며 지나갔습니다
이날에는 쥐떼들이 아니라
네 살 이상 아이들이 모두 달려 나갔습니다
피리 소리 따라갔던 아이들은
모두 함께 사라져 버렸습니다
아무도 실종이라 하지 않았습니다

귀가 순해진다는 이순에
밤마다 피리 소리를 듣습니다
나의 축일은 베갯머리에서
요한과 바울 날의 저녁을 맞고
피리 부는 소년과 함께
껑충껑충 춤추며 떠날 날입니다
누구도 실종이란 말 하진 않을 것입니다

못의 부활

부활은 찐 달걀입니다
달걀 껍데기에 그려진 어린 별입니다
부활은 성냥개비입니다
마지막 한 개비에 불사른 캄캄한 기도입니다
부활은 하루살이입니다
하루의 천 년을 보고 투신한 오늘입니다
부활은 울리는 종입니다
오래도록 우는 것은
비어 있는 것들의 노래입니다
부활은 알이 낳은 닭의 날입니다
세 번 운 닭모가지 비튼
새벽이 잔칫상 받으라 합니다
부활은 못 박고 못 빼는 일입니다
한 몸에 구멍난 천국과 지옥
몸 바꾼 당신이 소풍가는 날입니다

제4부
창가에서 보낸 하루

창가에서 보낸 하루

가만히 창을 열어 놓습니다
가장 가벼운 것이
먼저 무거워진 당신의 집 한 채
창턱에 괸 담쟁이 한 잎
비로소 삽질을 끝냅니다
핑그르르
쑥부쟁이 구절초 억새풀의
덜 마른 눈물 자국
연신 훌쩍이며 나는
민소매의 기러기 두엇
창가에서 보낸 하루입니다

창을 연다

중학교 때 처음 써 본 시의 첫 행은
'창을 연다' 였습니다
내 시의 화두는 그렇게 시작되었고
슬프게도 뒷말을 잇지 못했습니다
청년을 지나 중년에 이르도록
셀 수 없이 창을 열고 닫았지만
끝내 잇지 못했습니다
시 한 줄로 세상을 바꾸겠다고
꿈꾸었던 창, 창, 창, 창!

실패한 못의 혁명

돌을 던지지 않았습니다
화염병도 던지지 않았습니다
굳세게 어깨동무를 하고
흔한 민중가 한 가락 못 불러 봤습니다

그러나 젊어서
주체할 수 없이 너무 푸르고 슬퍼서
막걸리 퍼마시고
고성방가하고 방뇨한 죄로
하룻밤 구치소에 갇힌 적은 있습니다

아침밥이 없는

아침밥을 먹지 않기로 했습니다
삼십여 년 동안 밥짓기에 갇힌
마누라를 출감시키기로 했습니다
덩달아 밥통 속에 빠진 코끼리도
220볼트 코드에서 빼내 주었습니다
내친김에 숟가락과 젓가락의 불화까지
쓰레기통에 쑤셔넣었습니다
아침밥과 마누라가 없는
아니 마누라는 남고 아침밥이 없는
싸구려 밥집은 있어도
싸구려 아침이 없는!

꽁보리밥

빰빠라밤 빰빠라밤
1950년대 아침이었습니다
마을 확성기를 통해 기상나팔이 울려 퍼졌습니다
아이들도 일제히 주먹나팔을 불었습니다
밥 먹어라 밥 먹어라
밥은 밥은 꽁보리밥
국은 국은 된장국

이제는 꽁보리밥과 된장국마저 별미 된 시대
마음이 녹슨 못처럼 쓸쓸한 날
내 가는 귀에 희미하게 들려오는 기상나팔
눈을 뜹니다, 아니 꼬옥 감습니다
꾸욱꾹 눌러담은 꽁보리밥 한 그릇
우리 시대 봉분을 닮은 꽁보리밥 한 그릇
꿔다 놓은 보릿자루가 더욱 그립습니다

함부로 쏜 화살을 찾으러

이제는 당신을 멀리서 쏠 수는 없지만
빗나간 화살을 찾는 것은 어렵지 않습니다
내 생의 모든 것
향하면 모두 빗나갔습니다
나의 마지막 못의 화살도
내 생의 저녁을 뚫고
눈물도 없이 떠나보냈습니다
한 시절 눈 감고도 산 넘고 물 건너
지옥문까지 다다랐던 백발백중의 과녁

이제는 내 등 뒤에 그려진 당신의 과녁
오늘은 누군가 한 눈 지그시 감고 겨냥합니다
그래그래 이제는 두렵지 않습니다
당신도 향하면 모두 빗나갑니다!

텔은 사과를 쏘지 않는다

텔은 사과하지 않습니다
제사상에 엎드린 붉은 달
사과는 요염합니다
시위를 떠난 붉은 못대가리
빠른 것은 과녁의
부릅뜬 사타구니에
처박힌 저 초승달
외눈박이 세상이 저토록 눈물겨운 것은
두 눈으로 겨냥할 수 없기 때문입니다

첫 티샷을 위하여

발 앞에 놓인 공에 첫 키스를 보낸다
높이 높이 오른 빌딩 숲 너머
한낮에도 번쩍이는 전광판의 패러다임
힘 빼고 스윙하는 데만 삼 년 걸렸다는
당신을 마음껏 휘두른다
까짓것, 꼭 쥐고 살아왔던 그것
놓자 놓자 놓아 버리자
하루에도 수십 번 힘주며 외쳤던
숟가락과 젓가락,
굽은 인사동 젖은 밤과
낡은 탁자와 무릎 부딪친 소주병
젖먹은 힘을 다해 꼬옥 쥐고 다녔던
일생의 서류 가방,
70년대식 구두 뒤축에 박힌 징
오호라, 그대들이 내 편자로구나
내 유년의 천연두 자국까지 닮은
하이얀 공의 서러운 편자 자국
오늘은 내가 티 위에 꽂혀 헛스윙을 기다리마!

여기가 거긴가

여기가 거긴가, 단 한 번도 애써 눈길 주지 않았던
금방 돌부리에 걸려 넘어질 것 같은 여기가 거긴가
저 먼 피안의 어디메쯤 어쩌면 생전 마주치지 않을
아직도 한참 멀었던 스스로 지워 버리고 싶었던
누워 있든 비스듬히 기대든
낯설지도 외롭지도 슬프지도 않을
죽지도 썩지도 자라지도 흐르지도 않을
퉤 퉤 퉤 내 생의 침을 세 번 뱉고 돌아선
여기가 거긴가!

드디어 머리를 올리다

— 인수봉

하산할 때가 되었습니다
육십 평생이라는
말을 할 때가 왔습니다

우리 집 밑반찬에
딸려 나온 멸치 볶음
젓가락 놀림에
통통하게 살진 파리들도
윙윙 나와 함께 날려고 합니다
그냥 손 저어 쫓는 시늉을
만만하게 보고 있습니다

예순 이르러 얕보는 놈이
한둘 아니었습니다
밥상 위에 오른 생선까지
뜬눈으로 빠끔 보고
물주전자에 얼비친 식기들도
곁눈질로 흘깃 봅니다

그동안 지그시 눈 감고 기다려 준 것은
아직도 다 읽지 못한 장자와
젊은 시절 첫 선등에 머리 올리려다
발목 삔 인수봉뿐입니다

복되도다

내 나이 스무 살 되던 해 음력 정월 초하룻날 미당 선생댁에 세배 갔다가 저녁 늦도록 미당 술잔 따라 뱅뱅 돌다가 취한 배의 보들레르 같은 까만 전화기, 60년대 재산목록 일순위인 검정 전화기 구멍에 쓰윽쓰윽 손가락 넣어 돌리고 또 돌리더니

"……어떤가, 쓸 만한 놈이니, 그래그래 알았네.

이보게, 동리 전화 받아 보게."

황급히 나는 전화기 끌어안고 연신 머리 조아리며

"……네, 네엣, 넷. 감사합니다."

그렇게 당신 목소리로 먼저 만났지요 한 번도 뵌 적 없는, 돈 없어 대학 포기한 나에게 선생은 쾌히 장학 혜택을 주겠다는 말씀이었지요

그해 겨울 미당의 공덕동 흰 눈 보이듯, 동리 선생 10주기 마감 이틀 앞두고 추모 시 쓰라는 청탁 전화가 왔습니다 누가 원고 펑크 냈는지 거절하기 어렵게 되었습니다

— 네에, 넷, 네에. 감사합니다.

내 나이 당신과 같은 환갑에 맞은 복된 일이었습니다

시가 무어냐고?

장자도 말했고 공자도 말했고 40여 년 전

미아리 낡은 강의실에서 목월도 말했고 미당도

말했고 김구용도 학생들에게 담배를 빌려 피우며

말했고 소설 창작을 가르치던 동리도 불쑥 한마디

했던 그것!

오늘은 나도 한마디할란다, 똥이야!

나이 탓이다

이 꽃 저 꽃
다 예쁘다
갈기복수초
꼬리현호색
녹노루귀
변산바람꽃
나도 눈물 하나 매달아 본다
듬성듬성 걸려 있는
생의 이슬방울
새롭다
나이 탓이다
빌어먹을 나이 탓이다
꽃,
하니
꽥!

망치꽃

나는 망치다!
순간
앞이 캄캄해졌다
머리통이 박살났다
숨 가쁘게 오른 고산에서
비로소 만날 수 있는
박살난
못과 망치꽃

독도는 못이다

독도는 못이다
홀로 잠 이루지 못하는 십자가다
밤마다 눈뜨는 슬픔의 뱃머리들이
접안을 꿈꾸며 소리내어 우는
독도는 굵은 우박이다
먼바다 나는 새들의
시계다
일출과 일몰이 한 몸인 섬
풍랑이 바람 되고
바람이 괭이갈매기로
흰 눈처럼 나는 섬
단 한 번도 몸을 허락하지 않은
숫못대가리 같은,
그래서 독도는 슬프다

작품 해설

●

못과 밥, 또는 운명의 십자가를 위하여

김재홍(문학평론가 · 경희대 교수)

못과 밥, 또는 운명의 십자가를 위하여

김재홍(문학평론가 · 경희대 교수)

1. 풍상세월 60여 년, 등단 40년

김종철 시인 그와 만난 지도 어느새 40년 세월이 헤아려진다. 그 이름은 지금도 내게 문청 시절에 대한 아쉬움과 그리움을 떠오르게 하는 대명사이면서 오늘에도 여전히 내 작은 삶의 한가운데서 출렁이고 있는 오래고 소중한 한 기표이기도 하다. 4 · 19혁명과 5 · 16군사정변이 뒤엉키는 저 춥고 배고프고 목마르던 60년대 끝자락에서 우리는 만났다. 부산에서 올라온 그가 그 시절 1968년 《한국일보》 신춘문예에 막 당선한 신예 시인으로서 문명을 날리기 시작할 무렵이었다. 1966년 《동아일보》로 등단한 이가림 시인, 《서울신문》으로 등단한 전

주의 박정만 시인, 그리고 그보다 몇 년 전 《동아일보》로 등단했던 김원호 시인, 이른바 '신춘시동인'들과 어울리면서 그와 나는 조금씩 우정의 길트기를 시작한 것이다. 특히 김종철과 박정만은 나와 동년배로서 가끔 명동 주변, 가령 '은성'이라든가 청진동 대폿집 근처를 배회하면서 젊은 날의 객기와 취기를 꿈과 열정으로 뒤섞곤 했던 것으로 회상된다.

이 무렵 김 시인은 늘 내게 순수하고 아름다운 서정의 공간을 일깨워 주곤 하던 서정시의 한 대명사로 떠오르곤 했다. 사실 그 당시는 춥고 배고프기만 하던 문청 시절 방황과 고뇌의 길 끝에 서 있던 우리들에게 김 시인의 시에 등장하는 아내가 어디 있고 또 눈 내리는 아내의 나라가 과연 실재했었겠는가? 단지 그것은 삭막한 현실에서 갈망하는 한 꿈의 세계이고 유토피아의 표상이 아니었겠는가? 그러고 보면 그는 이미 그때에 매우 조숙해 있었고 아름다운 상상의 나라, 꿈의 나라를 가슴 속에 마련해 놓고 있었던 것이 아닐까 싶다. 여하튼 그렇게 누군가를 그리워하고 눈이 오는 아내의 나라를 꿈꾸는 일만으로도 우리들은 어둡고 추운 젊음의 뒤안길에서 나름대로 따뜻하고 아름다운 겨울 속 봄의 이야기를 불씨로 지피고 있을 수 있었던 게 아닌가 생각되어 지금도 마음이 화안해져 옴을 느끼곤 한다.

어느새 2008년이 저물고 2009년이 밝아 오고 있다.

김종철 시인이 등단 40주년을 마무리하는 시점에서, 그리고 화갑 진갑을 다 지낸 시점에서 펴내는 시집 『못의 귀향』을 축하하면서 간략히 이번 시집의 의미를 살펴보기로 한다.

2. 못의 귀향 또는 잃어버린 시간을 찾아서

제7시집 『못의 귀향』은 생애사 60여 년이라는 풍상세월 속에서 이 세상 어느 곳에선가 못 박고 못에 찔이고 또 못 뽑히면서 살아왔고, 또한 오늘도 하나의 못으로 이 풍진 세상에 고달프게 서서 살아가고 있는 60소년 떠돌이 시인의 참회록에 해당한다. 아울러 회향(回向)의 지점에서 새롭게 시작되고 있는 남은 날의 삶에 대한 각오와 다짐에 대한 비장한 한 비망록으로서 의미를 지닌다. 말하자면 잃어버린 시간으로서 지난 유소년 시절, 어머니와 고향을 찾아서 돌아가는 귀향의 시이면서 동시에 갑년(甲年)을 넘기고 새로운 출발을 예감하고 기약하는 출항의 시로서 의미를 지닌다는 뜻이다.

어머니 태몽은 아직 끝나지 않았습니다
내 나이 이순, 몸 깊이 숨겨 둔
당신의 무지개가
저세상 잇는 다리로 다시 뜨는 날

나는 한 마리 학 되어

한 생애를 날아오를 것입니다

—「어머니의 장롱」 부분

귀향이란 무엇인가? 그것은 내가 태어난 시간과 자라난 공간으로서 고향으로 돌아가는 일이며 동시에 생명의 탯자리인 어머니로 돌아가는 일이 아니겠는가? 그러기에 귀향의 꿈은 동시에 새로운 출항으로서 다짐의 의미를 지니는 것이 분명하다. 인용시에서 어머니와 태몽 그리고 학과 무지개의 상징체계가 그것을 말해 주는 것으로 해석되기 때문이다. 따라서 시집에는 어린 시절을 둘러싼 가족사와 삶의 풍정들이 다양하게 제시된다.

어머니 등에 업힌 나는/칭얼대면서 마실을 다녔습니다/가는 곳마다 손님 오셨다고 맞아 주었는데/상갓집에도 갔습니다/(……)/마마 손님이 떠나간 것입니다/다행히 나는 목숨을 건졌고/빽빽 얽은 곰보도 면했지만/그 후 손님은 어머니 등에서 내려와/내 일생에 업혀 칭얼대며 따라다녔습니다

—「손님 오셨다」 부분

대가 끊기든 말든 모두 제 팔자거늘/지아비 빌려 주는 사람 어딨어!/—누가 들을라/(……)/어머니는/착

한지 바본지 알 수 없는 아버지를/이웃집 연장 빌려 주듯 덜컥/좋은 날 잡아 동침시킨 모양인데/하필 계집애가 태어날 게 뭡니까?

—「문고리 잡다」 부분

그러다 울고 보챌 때마다/다리 밑에서 주워 왔다고/불쌍해서 키운다고/온 가족이 깔깔깔거린 날/내 머릿속에는 밤새 잘 발라 먹은 닭뼈가/후드둑후드둑 못소나기처럼 떨어졌습니다

—「장닭도 때로는 추억이다」 부분

유년 시절 어머니가 사 남매 키운 밑천은/국수장사였습니다/(……)/제때 팔리지 않은 날은/우리 식구 끼니도 되었습니다/내가 세상에서 가장 좋아하는 것은/불어 터진 국수입니다

—「국수」 부분

나는 울보입니다/그냥 우는 게 아니라 징징징 짜는데/온 가족들 두 손 두 발 다 들었습니다/(……)/돈 없다, 밥 없다, 색시 없다/어른 되어서도 징징징 매달렸습니다/하느님도 별수 없이 손발을 들고

—「울보 기도」 부분

밑에 깔린 형은 코피까지 흘렸습니다/짓눌린 까까머리통에/뾰쪽한 돌멩이가 못 박혀 있었습니다/어금니를 깨문 채 쏘옥 눈물만 뺀 형,/*새야, 항복캐라, 마 졌다 캐라!*/여섯 살배기 나는 울면서 외쳤습니다

—「마, 졌다 캐라」 부분

사람들은 한번씩 초또를/좆도가 아니냐고 묻습니다/조또 아닌,/ 정말 좆도 아닌 것들이 까분다고/팔소매 걷고 흥분을 감추지 못하는/외삼촌 최망기님은 초또 명물입니다

—「외삼촌 최망기님」 부분

연작시 「초또마을 시편」을 관류하는 것은 온갖 간난과 역경으로 이어진 유소년 시절의 풍정이다. 거기에는 오줌싸개 추억부터 이복 여동생 얘기, 누나, 골목대장 형, 외삼촌, 일찍 가신 아버지 그리고 복태 아버지, 주팔이 등 동네 사람들, 도둑 얘기 등 온갖 살아가는 얘기들로 얼크러져 있다. 가난하지만 따스하고 구수한 유소년 시절의 고향 모습과 어머니를 중심으로 한 추억담이 아스라하게 펼쳐져 있는 모습이다. '나'의 어린 시절 얘기이면서 동시에 고향 마을 얘기이고 지난 시절 이 땅 서민들의 삶에 관한 이야기이다. 그런 점에서 개인사적 체험을 바탕으로 하고 있으면서도 사회사적 풍속사를 담

고 있다는 점에서 보편성을 지니는 것으로 이해된다.

그렇지만 여기에서 말하고자 하는 것은 단지 유소년 시절의 정물화된 추억담이나 풍물 그 자체가 아니다. 그것보다는 가난하지만 순수함으로서의 동심과 인정 어린 삶의 풍정 속에 깃들어 있는 잃어버린 시간들에 대한 그리움이다. 지금은 없어졌지만 분명히 존재하고 있는 고향과 어머니, 그리고 동심에 대한 그리움의 힘, 추억의 힘이 바로 오늘날까지 고단한 삶을 밀어주고 끌어 온 원동력이었다는 데 대한 깨달음이다. 아울러 이러한 잃어버린 시간에 대한 그리움의 힘, 깨달음의 힘이야말로 오늘의 삶을 앞으로 나아가게 하는 추동력으로 작용하고 있음을 알 수 있게 해 준다.

3. 어머니 또는 밥의 시학

이 '초또 시편'에서 가장 비중 있게 다루어지고 있는 것은 바로 '밥', 즉 먹을거리와 어머니에 대한 추억담 또는 사랑 고백이다.

> 나는 비빔밥을 좋아합니다 큰 양푼에 찬밥 넣고 시금치 콩나물 열무김치 고사리나물 부친 달걀 참기름을 따르고 붉은 고추장 푸욱 퍼서 비비셨던 어머니의 밥상, 숟가락으로 비비다 힘 부치면 둥둥 소매 걷고 맨손으로

휙휙 비빈, 큰 양푼에 빙 둘러 앉은 달무리 같은 우리도
날렵한 어머니 손놀림 따라 돌고 돌았습니다

세상 살다 보면 비빔밥만 한 아량보다 더 큰 사랑은
없습니다
하느님도 세상을 이처럼 골고루 잘 비비진 못했습니다
오늘 어머니의 가난한 제사상에 모여 큰아들은 시금
치 둘째는 콩나물 누나는 열무김치 막내인 나는 고사리
나물 아아 그것들은 붉디붉은 고추장에 모두 하나같이
비벼져 입 째져라 큰 숟갈로 당신을 떠 넣습니다

—「비빔밥 만세」 전문

그렇다. 이 시에서 비빔밥으로서 밥과 그것을 잘 비비던 어머니는 하나의 등가물로서 의미를 지닌다. 온 가족이 함께 비벼 나누어 먹던 비빔밥은 바로 한 가족에 있어 사랑의 표상이며 화해와 협동의 상징이고, 나아가서 각자 상이한 개성과 특징을 지니면서도 하나로 어울려 살아갈 수밖에 없는 대동세상의 이치를 표상하는 것이 아닐 수 없다. 말하자면 화이부동(和而不同)이면서도 이동(異同)일 수밖에 없는 인간세상의 이치를 반영하면서 바로 그러한 화해와 협동의 중심에 어머니의 힘이 자리잡고 있음을 제시한 것이 된다. 밥과 어머니는 과거에도 그러했듯이 60을 넘긴 오늘 시인의 삶에서도 여전히 중

요한 현실적 추동력으로 작용하고 있음을 말해 준다는 뜻이 되겠다.

무엇보다도 이 시에서 주목할 것은 지상의 어머니와 천상의 하느님이 서로 상동관계 또는 등가로서의 상징성을 지닌다는 점이다. 생명을 유지시켜 주는 밥, 모두를 하나로 화해하고 통일시켜 주는 비빔밥의 원리이야말로 지상에서 어머니의 사랑 그리고 천상에선 하느님의 크신 사랑의 표상으로 해석할 수 있기 때문이다. 비빔밥이 바로 어머니 당신이고 당신의 큰 사랑임을, 그리고 나아가서 지상에서 펼쳐지는 하느님 당신의 은총이고 섭리임을 깨닫는 순간에 밥과 어머니가 등가인 것처럼 바로 어머니는 지상의 주(主) 하느님의 모습으로 다가온다는 뜻이 되겠다. "세상 살다 보면 비빔밥만 한 아량보다 더 큰 사랑은 없습니다/하느님도 세상을 이처럼 골고루 잘 비비진 못했습니다"란 구절 속에는 바로 이러한 지상에서 펼쳐지는 하느님의 사랑이 바로 어머니의 큰 사랑의 실천임을 말해 주는 것이 분명하다.

4. 못과 십자가 또는 운명의 거울

시집 『못의 귀향』에서 어머니와 아내는 하나의 동심원을 이루는 중요 가치축으로서 관계를 지니며 전개되는 것이 특징이다. 말하자면 여성 또는 모성으로서 원형

적 상징으로 기능하면서 과거의 삶과 오늘의 삶을 맺어 주고 이끌어 가는 상상력의 원천이자 현실적 추동력으로 작용한다는 뜻이 되겠다.

아내는 오늘도
도시락을 싸 가지고 출근합니다
이제나저제나 미덥지 않은 남편
입가에 붙은 꼿꼿한 밥알 같은
먹다 남은 반찬 냄새 같은
서툰 나의 처세를
아내는 자반고등어 한 손처럼
꼬옥 안아 줍니다
숟가락 젓가락 나란히 놓인
저녁 밥상 하늘 위로 나는 철새
우리는 함께 책장 넘기는 소리를 듣습니다
어쩌다 바람 부는 날에는
헐거워진 문짝 고치다
자주 제 손등 찧는 못난 나를
아내는 꿈속에서도 도시락 싸듯 달려옵니다

—「도시락 일기」 전문

먼저 이 시에서 어머니와 아내는 비빔밥과 도시락, 즉 밥을 매개로 하여 하나로 연결된다. 두 여성이 밥을 구심점으로 하여 시의 화자에게 하나의 동심원을 그리며 통일되고 합치되는 것이다.

밥이란 무엇이던가? 그것은 말대로 육신을 이끌어 가게 하는 실체적 에너지원이고 원동력 그 자체가 아니던가. 그러기에 그것은 바로 생명이고 목숨을 의미하는 것이고 동시에 희생, 헌신, 용서이면서 슬픔이고 고통이며 땀이며 눈물, 그리고 나아가서 희망이고 사랑과 구원의 상징에 해당한다. 밥이 육신의 에너지라면 사랑은 정신의 에너지로서 상동관계를 지닌다. 여기에서 어머니와 아내의 의미가 드러난다.

어머니는 과거 '나'의 생명의 고향이면서 삶을 살아가게 하는 원천으로 작용해 왔고 오늘까지도 끊임없는 구원의 표상으로 작용하고 있다. 마찬가지로 아내 또한 어머니에 이어서 오늘날 내 삶의 밑바탕이 돼 주고 실존을 이끌어 가는 현실적인 추동력으로 작용하고 있는 것이다. 그의 시집에서 아버지는 거의 비중을 차지하지 못하고 어머니와 아내가 중심축을 이루는 것을 보면 시인의 상상력이 이른바 여성편향(female complex)에 연원하는 것이 아닌가 받아들여진다. 일찍 돌아가신 아버지 대신 어머니는 가난한 집안에서 아버지의 대리표상이자 현실적인 기둥으로서 의미를 지니고 전개돼 왔기 때문에 김종철 시세계 전체를 관류하는 상징이자 현실이 된다는 뜻이다. 바로 여기에서 못과 십자가가 새로운 의미를 지니며 다가오게 된다.

신혼 시절 가끔 부부싸움을 하였습니다
그때마다 아내는
나를 자신의 십자가라 했습니다
남몰래 울기도 했다 합니다
나는 오래도록 잊지 않았습니다

이제는 환갑에 이른 내가
아내의 십자가에서 내려갈 차례가 되었습니다
개밥바라기별이 뜰 때까지
망치 든 자는 못대가리만 보고 있습니다
저무는 당신의 강가에는
아직 세례자 요한이 오질 않았습니다

—「아내의 십자가」 전문

어머니의 또 다른 분신인 아내는 어머니가 나에게 사랑을 주기만 하는 일방적 존재였던 데 비해 아내는 나에게 하나의 현실적인 못이자 운명의 십자가로서 상징성을 지니며 다가온다. 아내는 어머니 사랑의 모성적 속성을 바탕으로 하면서도 그와 다른 현실성을 지닌다. 그것은 어머니처럼 일방적인 사랑과 용서가 아니라 대등한 위치에서 서로가 서로에게 짐이 되는 동시에 힘이 되는 못과 십자가의 모습으로 받아들여지고 있는 것이다. 말하자면 아내는 원죄이면서 운명의 짐이자 굴레이고 동시에 구속(救贖)이고 구원의 표상에 해당한다는 뜻이다. 못이 그러한 것처럼 십자가도 운명의 저울이면서 실존의 거울이라는 점에서 못과 십자가는 어머니와 아내처럼 모든 인간에게 특히 김 시인에게 운명의 십자가이자 존재의 거울로서 작용한다는 뜻이다.

5. 지상의 척도, 천상의 척도

한편 시집에는 대지에 발을 딛고 이 세상을 살아가는 것으로서 지상의 척도와 그것을 넘어서서 정신과 영혼의 세계를 지향하는 천상의 척도가 지속적으로 대응되며 전개되고 있어 관심을 환기한다. 다시 말해 육체적 삶, 운명과 구속의 삶으로서 인간의 굴레, 즉 지상의 척도와 정신의 자유, 신의 질서를 지향하는 하늘의 척도가 서로 갈등하며 조화를 이루는 데서 김종철 시의 미학적 긴장체계가 형성되고 사상적 넓이와 깊이가 담보될 수 있다는 점이다.

① 이제야 알 것 같습니다/아무짝 쓸모없는 놈이라고/손가락질 받았던/개구쟁이 어린 시절/버림받은 귀퉁이돌보다/더 모질고 더 하찮았던,/그리하여/환갑

진갑 지나는/순례의 첫 밤/그 첫날밤의 꼭두새벽/두 딸년이 마련해 준 여비로/일생의 꿈 마무리하듯 기도하다가/손에 불 덴 아이처럼 쩔쩔매는/노인네를 보게 되었는데/그 굽은 못대가리가/바로 나였다니!//떠벌리고 우쭐거렸던 저놈,/게 눈 감추듯 딴전부리는 저놈,/교활하게 둘러대고 허세부리는 저놈,/꼬깃꼬깃 쌈짓돈 감추듯 드러내지 않는 저놈,/주여! 오늘 밤 모조리 불러다가 몽둥이로 패 주소서/태중에 조선간장 먹고도 잘도 버텼던/새까만 개똥밭의 그놈이/환갑 진갑 지나는 꼭두새벽/오, 이제는 제법 여러 놈까지 데불고 나타났습니다

—「개똥밭을 뒹굴며」 전문

② 당신을 찾아 갑니다
순례 지팡이를 짚으며
졸면서도 기도하는
별들의 길을 좇아

사랑과 용서와 꿈으로
올리브 잎 한 장 가린
당신의 별 하나

비록 함께 깨어 있지 않아도

형제여, 축복이 있으리라

—「별」 전문

이 두 편의 시에는 하늘과 땅의 변증법적 갈등과 화해 속에서 인간의 삶, 시인의 삶이 형성되고 전개된다는 사실에 대한 인식이 제시돼 있다.

먼저 시 ①에서는 지상에서의 고달팠던 삶이 '개똥밭을 뒹굴며'라는 비유와 상징으로 나타난다. 지난날 어린 시절로 돌아가서 바라보는 '나'의 삶이란 "아무짝 쓸모없는 놈이라고/손가락질 받았던/개구쟁이 어린 시절/버림받은 귀퉁이돌보다/더 모질고 더 하찮았던" 모습이다. 그만큼 귀향이란 지난 시절로 돌아가서 그때의 초라했던 모습을 반추하면서 그 속에서 삶의 어려움과 고달픔 그리고 세상으로부터의 소외감과 박탈감을 돌이켜 보는 의미를 지닌다. 동시에 그것은 오늘의 삶으로 회향됨으로써 여전히 지상에서 삶이 고달프고 힘든 것이라는 인식을 드러낸다. "그리하여/환갑 진갑 지나는/순례의 첫 밤/그 첫날밤의 꼭두새벽/두 딸년이 마련해 준 여비로/일생의 꿈 마무리하듯 기도하다가/손에 불덴 아이처럼 쩔쩔매는/노인네를 보게 되었는데"라는 구절 속에는 바로 이러한 비관적인 현실 인식 또는 비극적인 생의 인식에 따르는 자아발견의 모습이 제시돼 있는 것으로 이해된다.

바로 이 지점에서 스스로의 삶, 지상에서의 고통스러운 육체적 삶의 질곡에 대한 반성적 성찰이 제시된다. 그것은 "떠벌리고 우쭐거렸던 저놈,/게눈 감추듯 딴전부리는 저놈,/교활하게 둘러대고 허세 부리는 저놈,/꼬깃꼬깃 쌈짓돈 감추듯 드러내지 않는 저놈,/주여! 오늘 밤 모조리 불러다가 몽둥이로 패 주소서"라는 구절 속에는 속 아픈 생의 발견과 그에 따른 통회와 참회의 심정이 표출돼 있는 것이다. 그러면서도 "태중에 조선간장 먹고도 잘도 버텼던/새까만 개똥밭의 그놈이/환갑 진갑 지나는 꼭두새벽/오, 이제는 제법 여러 놈까지 데불고 나타났습니다"와 같이 지난날의 쓰리던 삶의 질곡과 고통이 온갖 미망과 혼돈, 역경과 수난을 겪고 난 다음 나름대로 생의 상승을 성취해 낸 모습으로 형상화돼 있다.

특히 이 시는 과거와 현재, 그리고 미래까지도 함께 어울려 투영되면서 온갖 간난과 역경을 헤쳐 내고 나름대로 삶의 성취를 이루어 낸 모습으로서 비극적, 환희 또는 고달프지만 보람 있는 인간승리에 대한 확신을 담고 있어서 주목을 끈다. 다시 말해 '주(主)여!'라는 어구 속에는 지상에서의 고통스러운 삶을 드러내면서도 그러한 지상의 척도가 신의 척도로 상승되면서 세속사와 인간사가 하늘의 척도 신성사로 이끌어 올려가고 싶다는 염원과 갈망을 담고 있는 것으로 해석된다는 점에서 유

의미하다. 다시 말해 지상의 척도와 천상의 척도가 날카로이 부딪치는 순간에 말해지는 비극적 황홀이 바로 '주여!'라는 외마디 말에 담겨 있다는 뜻이 되겠다.

이 점에서 시 ②에는 연작시 '순례 시편'의 종합적 의미가 드러난다. 그것은 바로 지상의 척도에서 천상의 척도로 상승돼 가고자 하는 정신적인 갈망과 염원을 반영한다. "당신을 찾아갑니다/순례 지팡이를 짚으며/졸면서도 기도하는/별들의 길을 좇아"라는 구절이 그것이다. 그러기에 마침내 "사랑과 용서와 꿈으로/올리브 잎 한 장 가린/당신의 별 하나"의 경지에 이르게 됨으로써 지상의 척도가 천상의 척도, 인간의 질서가 신의 질서로 상승돼 가게 되는 것이다. 따라서 "비록 함께 깨어 있지 않아도/형제여, 축복이 있으리라"라는 결구처럼 신의 섭리와 은총 속에서 만인에 대한 축복을 기원하게 될 수 있게 됨은 물론이다.

이렇게 본다면 이 순례 시편들에는 반성과 참회를 통해 마침내 스스로 용서와 사랑을 발견해 내고 마침내 축복으로 나아가게 되는 오늘날 시인의 초상이 성공적으로 그려진 것으로 이해할 수 있겠다. 지상의 온갖 구속과 질곡을 넘어서 천상의 척도와 화응되고 교감되는 지상에서의 삶의 양식이 비교적 성공적으로 형상화돼 있다는 뜻이다.

6. 못의 귀향, 시와 삶의 회향

이렇게 본다면 못의 귀향은 과거로 돌아가는 것이면서 동시에 오늘의 나, '참나'로 회귀하는 것임을 알 수 있다. 아무짝도 쓸모없이 보이던 놈이 환갑 진갑 지난 노인네로 존재의 전환을 이루면서 과거로의 귀향에서 다시 오늘의 삶으로 회향하는 모습으로 진전하게 되는 까닭이다.

① 내 나이 스무 살 되던 해 음력 정월 초하룻날 미당 선생 댁에 세배 갔다가 저녁 늦도록 미당 술잔 따라 뱅뱅 돌다가 취한 배의 보들레르 같은 까만 전화기, 60년대 재산목록 일순위인 검정 전화기 구멍에 쓰윽쓰윽 손가락 넣어 돌리고 또 돌리더니

"……어떤가, 쓸 만한 놈이니, 그래그래 알았네.
이보게, 동리 전화 받아 보게."
황급히 나는 전화기 끌어안고 연신 머리 조아리며
"……네, 네엣, 넷. 감사합니다."

그렇게 당신 목소리로 먼저 만났지요 한 번도 뵌 적 없는, 돈 없어 대학 포기한 나에게 선생은 쾌히 장학 혜택을 주겠다는 말씀이었지요

그해 겨울 미당의 공덕동 흰 눈 보이듯, 동리 선생 10주기 마감 이틀 앞두고 추모 시 쓰라는 청탁 전화가 왔

습니다 누가 원고 펑크 냈는지 거절하기 어렵게 되었습니다

—네에, 넷, 네에. 감사합니다.

내 나이 당신과 같은 환갑에 맞은 복된 일이었습니다

—「복되도다」 전문

② 장자도 말했고 공자도 말했고 40여 년 전

미아리 낡은 강의실에서 목월도 말했고 미당도

말했고 김구용도 학생들에게 담배를 빌려 피우며

말했고 소설 창작을 가르치던 동리도 불쑥 한마디

했던 그것!

오늘을 나도 한마디할란다, 똥이야!

—「시가 무어냐고?」 전문

③ 나는 망치다!
순간
앞이 캄캄해졌다
머리통이 박살났다

숨 가쁘게 오른 고산에서

비로소 만날 수 있는

박살난

못과 망치꽃

—「망치꽃」 전문

이 세 편의 시에는 시인의 과거와 현재 그리고 미래의 삶과 시가 하나로 원형회귀를 이루고 있음을 볼 수 있다.

먼저 시 ①은 돈이 없어 대학 진학을 포기했던 시의 화자가 미당과 동리라는 당대 문단의 거목들과의 운명적 만남을 통해 삶과 시의 길로 들어섰다는 사실을 통해 인생이 운명과 자유 그리고 우연의 인과관계 속에서 전개된다는 점을 제시한다. 미당과의 만남이 동리로 연결되고 다시 이 만남을 계기로 시를 통한 삶의 길이 마련되고 오늘날의 삶으로 연결될 수 있었음을 고백하면서 그러한 만남의 은총과 섭리에 대해 감사하는 뜻을 드러내고 있는 것이다.

시 ②에서 그것은 시의 의미에 대한 깨달음으로 제시된다. "오늘은 나도 한마디할란다, 똥이야!"라는 시니컬한 결구 속에는 시가 바로 밥이 될 수 있다는 역설을 통해 시의 의미를 강조하여 주목을 끈다. 사실 똥이란 바로 그 원인으로서 밥을 의미하는 것이고 그것은 결국 삶이고 생명 그 자체라는 뜻이 되지 않겠는가. 말하자면 시는 밥과 마찬가지로 시인 자신에게 있어서 삶의 원인이고 과정이며 결과라는 데 대한 날카로운 통찰이 담겨 있다는 뜻이다.

그러기에 그것은 시 ③에서 "나는 망치다"라는 돌발적인 선언으로 나타난다. 내내 못이고 못이 될 수밖에 없었던 그의 생애가 망치로 코페르니쿠스적 전환을 이루게 된다는 뜻이다. "숨 가쁘게 오른 고산에서/비로소 만날 수 있는/박살난/못과 망치꽃"이라는 결구 속에는 이른바 불가에서 말하는 살불살조(殺佛殺祖), 즉 깨뜨림으로써 새롭게 세상을 바라보고 시와 삶을 살아가고 싶다는 치열한 열망이 역설적으로 제시된 것으로 이해되기 때문이다. "박살난 못과 망치꽃"이란 마치 시 ②에서 시가 바로 밥이며 똥이라는 내포와 상통하는 것이 아닐 수 없다. 밥과 똥, 그리고 못과 망치라는 일견 모순되는 것들이 사실은 모든 것의 원인과 결과, 또는 시작과 끝이라는 양면성, 양극성의 대립과 조응 속에서 하나로 귀일되고 상승과 초월을 이루어 내는 것이라는 데 대한 깨달음과 확신을 담고 있다는 뜻이다.

따라서 이 시편들은 바로 시인에게 있어서 시가 바로 삶이며 삶의 의미 또한 시를 통해 전개돼 왔고 앞으로도 그렇게 전개돼 갈 것이라는 확신과 염원을 담고 있는 모습이라고 하겠다. 이 점에서 시인에게 있어 못의 귀향이란 바로 못의 회향을 의미하는 것이 분명하다. 결국 못의 귀향은 유년의 고향으로 돌아가는 일이며 동시에 오늘의 현실로 돌아오는 일이고 진정한 나, 참나로서 과거와 현재를 살아가고자 하는 열망의 표현이라는 뜻이다.

7. 참회와 부활을 향하여

이렇게 본다면 『못의 귀향』이란 그것이 옛날의 고향으로 돌아가고자 하는 과거지향이 아니라는 것을 알게 된다. 오히려 과거의 거울로 오늘의 삶과 시를 비춰 보고자 하는 계시적 갈망의 표출이며, 동시에 남은 날의 삶, 내일의 삶을 마지막까지 의미 있게 살고 싶다고 하는 염원의 반영이 아닐 수 없다고 하겠다. 이 점에서 다음 두 시는 오늘에 있어 시인의 정신적 현주소를 선명히 보여주는 것으로 이해된다.

요즘은 이 닦는 법을 다시 배웁니다
하루 세 번 삼종기도처럼
아침에 닦는 칫솔질은
성부와 성자와 성령의 이름으로
온종일 해 둘 말과 생각을 구석구석 닦습니다

점심때 닦는 칫솔질은
생각 없이 불쑥 튀어나온 독설과

이빨 사이 낀 악담을 닦고 파냅니다
어쩌다 부러진 이쑤시개의 분노와 마주칠 때는
이내 거품을 물고 있는 후회로
양치질을 한 번 더 해 둡니다

잠들 때 닦는 칫솔질은
하루 종일 씹고 내뱉은 죽은 언어의
껍질을 헹구어 내고
생쥐같이 몰래 들락거렸던 당신의
곳간에 경배 드리는 일입니다
하루의 재앙이 목구멍에서 나온 것을,
때늦은 반성문 같은 졸린 칫솔로
못의 혓바닥까지 박박 긁어냅니다

—「칫솔질을 하며」 전문

부활은 찐 달걀입니다
달걀 껍데기에 그려진 어린 별입니다
부활은 성냥개비입니다
마지막 한 개비에 불사른 캄캄한 기도입니다
부활은 하루살이입니다
하루의 천 년을 보고 투신한 오늘입니다
부활은 울리는 종입니다
오래도록 우는 것은

비어 있는 것들의 노래입니다
부활은 알이 낳은 닭의 날입니다
세 번 운 닭모가지 비튼
새벽이 잔칫상 받으라 합니다
부활은 못 박고 못 빼는 일입니다
한 몸에 구멍난 천국과 지옥
몸 바꾼 당신이 소풍가는 날입니다

—「못의 부활」 전문

한마디로 요약해서 그것은 속죄와 참회를 통해 부활과 신생으로 나아가고자 하는 열망과 나아가고 싶다는 염원의 반영이고 표출이라고 할 수 있다.

앞의 시에서 하루 세 번 하는 칫솔질의 상징이 그것이고, 뒤의 시에서 "부활은 못 박고 못 빼는 일입니다"라는 메시지가 그것이다. '칫솔질'이란 "성부와 성자와 성령의 이름으로/온종일 해 둘 말과 생각을 구석구석 닦"는 일이고, "때늦은 반성문 같은 졸린 칫솔로/못의 혓바닥까지 박박 긁어냅니다"와 같이 끊임없이 삶을 되돌아보면서 속죄하고 참회하는 일을 의미한다. 아울러 "못 박고 못 빼는 일"로서 부활이란 새로운 삶에 대한 부활 의지, 신생의 의지를 표상하는 것이 아닌가 한다.

다시 말해서 사는 일이란 바로 하루하루 깨어나고 잠드는 일처럼 못 박고 못 빼는 일의 반복과정이며 이별과 만남, 죽음과 부활로 이어지는 과정의 연속이라는 뜻이다. 그러기에 그것은 전체적인 면에서 지옥과 천국이 함께 펼쳐지는 지상에서의 일이며 동시에 하늘에서의 일이 아닐 수 없다고 하겠다. 그래선지 지금도 달려가고 있는 밤기차의 기적 소리가 유난히 크게 울려옴을 듣는다.

기차는 밤새도록 달렸습니다
덜컹대는 침대칸의 흐린 불빛
얇은 요 한 장에 돌아누운
낯선 순례꾼의 잠꼬대
이 밤 우리가 찾는 것은
녹슨 양심을 벼리는 숫돌이고
당신의 발밑에 놓을 기도의 머릿돌이었습니다
하지만 자리를 털고 일어나는 것은
단 한 번도 멈추지 못했던
내 욕망의 기차가 마주 달려올 줄이야
저 모순투성이의 철로에
내 전 생애를 낮은 포복으로 기어 오던
오, 그토록 애써 외면했던
바로 네놈까지!

새벽안개 속에
흰 수증기를 내뿜는 기적 소리는

귓전에 울어 쌓이는데

—「밤기차를 타고」 부분

맺음말

문득 되돌아보니 어느새 김 시인과 나는 서로 화갑 진갑을 다 넘긴 인생의 한 고비에 이르러 있다. 우리들에게는 살아갈 날들이 살아온 날보다 결코 길지 않음을, 아니 그보다 훨씬 짧을 수밖에 없음을 잘 알고 있다. 그러나 어쩌랴? 그도 나도 남은 시간들을 보다 금쪽같이 써 가야 이 세상 다하는 날 후회가 덜하지 않겠는가. 더구나 오래 간직한 우정에 있어서야 더욱 그렇지 않겠는가. 인생길에서 처음 더불어 시작한 우정이 소중한 것처럼 마지막 지상의 그날까지 함께하는 아름다운 도반으로 동행할 친구야말로 더욱 고맙고 소중한 사람이 아니겠는가 말이다.

그러면서 나는 확신한다. 그의 가슴속 깊이 자리 잡고 있는 가장 큰 미덕으로서의 종교적인 경건함을 말이다. 내가 그를 내 아름다운 도반의 한 사람으로서 운명적 우정을 느낀 것은 바로 그러한 그의 신앙적인 경건성과 간절함이 그의 삶과 시에 우러나오는 모습을 확인한 그때부터라고……. 나는 감히 고백한다. 시집 『못에 관한 명상』에서도 그렇지만, 그가 성당에서 기도하는 간절한

한 모습을 보면 문득 숨겨진 그의 진실의 참모습을 발견할 수 있으며, 경건성과 설렘을 떠올릴 수 있기 때문이라고 말이다. 그의 그런 모습을 생각하면 새삼 그와의 우정이 숙연해져 옴을 느끼곤 한다.

그렇다! 그것은 바로 지상에서의 우정이 하늘의 그것으로 더욱 이끌어 올려질 것을 소망하고 기대하는 마음 때문이라는 것을 나는 믿는다. 이 점에서 이번 시집 『못의 귀향』은 '진정한 나'로서의 귀향이면서 동시에 새로운 나, '참나'를 향한 전진의 첫 걸음임에 분명하다.

새 시집 『못의 귀향』에서 새롭게 제2의 인생을 시작하는 김 시인과 가정의 앞날에 건강과 행복이 함께하길 축원한다.

김종철 金鍾鐵

1947년 부산 출생. 중앙대학교 예술대학 문예창작학과 졸업, 동 대학원 수료.
1968년 한국일보 신춘문예 시 당선. 1970년 서울신문 신춘문예 시 당선.
시집으로는 『서울의 유서遺書』, 『오이도烏耳島』, 『오늘이 그날이다』,
『못에 관한 명상』, 『등신불等身佛 시편』, 『어머니, 우리 어머니』(형제 시집)
등이 있으며, 영문 시집 『The Floating Island』 (Edition Peperkorn)가 있음.
수상 경력은 제13회 정지용문학상, 제3회 편운문학상, 제6회 윤동주문학상,
제4회 남명문학상 등을 수상함. 중앙대 문예창작학과 겸임 교수,
경희대학교 일반대학원 겸임 교수 역임. 현재 계간 『문학수첩』 발행인 겸
편집인, 한국시인협회 이사.

못의 귀향

초판 1쇄 인쇄 2008년 12월 24일
초판 1쇄 발행 2009년 1월 7일

지은이 | 김종철
펴낸이 | 설보혜
펴낸곳 | Poetics 시학

출판등록 | 2003년 4월 3일
주소 | 서울 종로구 명륜동1가 42
전화 | 744-0110
FAX | 3672-2674

값 | 10,000원

ISBN 978-89-91914-59-9 03810